LIDERES

LIDERES

Espiritual Empresarial

Oscar Parada

Número de Control de la Biblioteca del Congreso de EE. UU.:   2014906711
ISBN: Tapa Dura   978-1-4633-8213-1
                    Tapa Blanda   978-1-4633-8215-5
                    Libro Electrónico   978-1-4633-8214-8

Este libro fue impreso en los Estados Unidos de América.

Fecha de revisión: 25/07/2014

Para realizar pedidos de este libro, contacte con:
Palibrio LLC
1663 Liberty Drive
Suite 200
Bloomington, IN 47403
Gratis desde EE. UU. al 877.407.5847
Gratis desde México al 01.800.288.2243
Gratis desde España al 900.866.949
Desde otro país al +1.812.671.9757
Fax: 01.812.355.1576
ventas@palibrio.com
508715

ÍNDICE

Introduccion a

Cuando hablamos de lideres cristianos y de lideazgo hay muchas preguntas basicas que vienen a nuestra mente. Que es un lider? Que hace un lider? Como se llega a ser lider? Porque seguimos a un lider? Que moviliza a alguien para querer ser lider? Lider se nace o se hace?

Nosotros hemos podido estudiar muchos tipos de lideres en la Biblia y en la historia secular. Jesucristo es el lider modelo en el servicio cristiano, Pero, tambien hubo muchos seres humanos que Dios utilizo' como lideres durante su obra.

Noe', Abraham, Moises, Josue, Daniel y Pablo por citar algunos de ellos.

Cuando Dios pone la inquietud en nosotros sobre considerer su modelo en el servicio cristiano, comenzamos a buscar algo dedicado a Dios y a la vez empezamos a preguntarnos que quiere Dios de nosotros? Y que debempos hacer para ser pastores efectivos, pastores de accion con Dios y de fuerte vida interior.

Encontramos a Jose' en el Genesis 41-33-41 sus hechos se amalgamaron formado un lider bueno y efectivo.

Consideremos tambien que en todo grupo hay componenetes para tener exito, ellos son:

Liderazgo, Organizacion, Convicciones y planes.

Por supuesto el mas importante es el Liderazgo, porque hacia donde este va, va toda la organizacion.

En el pasado hubo un pais en Europa que se jactaba de su poder naval, su Rey la llamo' la Armada Invencible, pero en realidad fue vencida en varias ocasiones. Que le falto' a ese poder naval? Le falto'un barco lider un barco insignia que dirigiera ese poder.

Recien mencionamos a Jose, es realmente es un lider a imitar y en cada paso de su vida, nos permite extraer principios practicos al iniciar una iglesia. Que interesante seria ser un Jose,' lider iniciador que hoy tanto necesitamos.

Para edificar una iglesia solida, se necesitan lideres capacitados, pero vale la pena destacar que para formar lideres, es importante que haya antes discipulos y mentores comprometidos para la accion/.

Volviendo al parrafo anterior, el modelo de compromise lo vemos en Timoteo 2:2: El mentor para formar a otros tiene que antes haber sido formado y debe ser aprobado por otros lideres.

No se puede transmitir, solo con libros, videos o clases, lo mas importante es la relacion y el poder de esa relacion.

Entonces podemos apreciar que, si alguien quiere formar a otros, antes tiene que haber sido discipulado por un mentor. Es asi, si alguien quiere ser un pastor, antes tiene que haber sido oveja, un miembro fiel a su pastor, un discipulo comprometido con el resto y con su mentor/

Por supuesto, hay escuelas de ensenanza y practica.

Jesus empleo' el metodo hebreo.

En este metodo el maestro y su discipulo interactuan, con adeistramiento y capacitacion, y donde el modelo del, estudiante es el mentor.

Seamos pues mentores, ayudemos a esa planta a crecer, seamos verdaderos vectores para que esa y otras plantas puedan crecer recto hacia lo alto y sin desviaciones, porque si se desvian o caen al suelo, debemos volver a enderezarlas y volver a empezar para no perder su crecimiento o que esa planta se pueda secar si no la alimentamos con la palabra de vida.

Formar lideres es crecer junto a ellos como ese vector con la planta.

Podemos examiner entonces los modelos de Moises, Elias, Pablo y por supuesto el de Jesus con su doce.

Puede un lider de empresa hoy ser un lider cristiano?

Podemos decir que si ese lider de empresa da' testimonio de la palabra de Dios en los hechos de su vida corriente, antes sus decisions y de relacion comercial, ante sus empleados y personal de la misma o menor jerarquia, tambien es un verdadero lider cristiano.

En el mundo de las empresas y de la vida comercial se dice que los lideres no nacen sino que se hacen, es cierto. Pero cada uno de ellos y en algun momento se detuvieron para escuchar la voz de Dios ante cualquier toma de decisions. Eso los hace diferentes.

Vamos a poder recorrer en estos capitulos y cronologicamente, las maravillosas historias de algunos de los patriarcas de la Iglesia y Reyes de tribus en el antiguo testamento, todos ellos verdaderos lideres de pueblos, porque en toda su vida se detuvieron para escuchar la voz de Dios.

Para concluir esta introduccion podemos agregar algunas cualidades de liderazgo en el hombre nuevo. Revestios del hombre nuevo dijo San Pablo)

La autodisciplina, como el control de si mismo es una cualidad del lider.

Una cualidad que debe estar ahi por siempre.

Tener un proposito es la llave para ser un lider.
Cual es el proposito de Dios en nuestras vidas?
Y cual es nuestro proposito en la vida cristiana?

Ser integro, un lider no tiene dobleces, ser siempre el mismo.

La comunicacion con la gente, nos comunicamos con Dios a traves de la oracion y nos hacemos eco de su palabra, demos entonces testimonio ante el pueblo de Dios.

Por sobre todas las cosas podemos apreciar y en todos los capitulos que vamos a exponer, los grandes lideres buscaron a Dios.

Atreverse con coraje, es poder doar un paso mas alia' aunque se nos presenten tribulaciones no abandonarremos porque hay un ser que nos proteje.

El lider debe tener Humildad. Y debe dar testimonio.

Si a un lider lo invitan a una comida, por ejempl,o debe buscar sentarse en el lugar menos importante de la mesa, porque si se sienta en el lugar mas importante tal vez el anfitrion pueda decirnos ese no es tu lugar, hay otra persona mas importante que tu para ese asiento.

Pero si ese lider se sienta en el lugar mas alejado en la mesa, el anfitrion podra' decirle ven y sientate a mi lado tu eres muy importante para nosostros.

Ellider debe ser fiel y leal hacia su projimo que es lo mismo que para con Dios.

Vamos a ver en todas las figuras de los capitulos, la comunicacion y la lealtad hacia Dios.

El verdadero exito de esos lideres fue tener un compromiso con Dios y involucrarse con amor en cada uno de sus actos.

No hay dice el Concilio de Letran de 1215, mas que un principio de todas las cosas, creador de todo lo visible en invisible, espiritual y corporal, el cual desde el principio del tiempo saco' al mismo tiempo de la nada.

Solo hay un lider que existio' siempre, no se formo' como otros liders y eso es por su virtud omnipotente.

El lider de todo los tiempos, el lider del dia y el sol, de la noche, las estrellas y la Luna.

El lider de todo lo material y espiritual.

San Pablo afirma que el verbo encarnado es el principio de toda criatura, porque en el fueron creadas todas las cosas que hay en el cielo y en la tierra.

Cabe dar una especial mencion a los angeles, que Dios tambien creo' como espiritus puros.

La liturgia dice que Dios creo' a miles y miles de angeles y nos relata la vision de Juan que dice que millones estan ante el trono de Dios.

Son estos coros celestiales, lideres de un ejercito de poder divino?

Si, si lo son.

Son verdaderos lideres de santidad y espiritus de luz.

Con nueve coros celestials, y Dios from' lideres en los arcangeles y los probo'.

Algunos teologos dicen que la prueba consistio' en obedecer a una orden de Dios.

Esa orden consistio' en la aceptacion del misterio de la encarnacion.

Pero ante estos, tambien hubo una rebellion. No servire' grito' Lucifer!!

Estas mismas palabras se encuentran entre los judios mucho mas tarde, cuando gritaron no queremos que Cristo reine entre nosostros!!

Entonces, hay lideres entre los angeles malos?

No, los angeles malos no tienen lideres, porque los verdaderos lideres solo sirven a efectos del bien.

Los malos, solo saben atraer con fantasticas promesas que despues no cumplen.

Son solo tentadores que atraen, muchas veces a multitudes. Solo su poder es enigmatico para ataer.

Hay en las Sagradas escrituras un libro de gran ensenanza moral, sacada de la vida de Job, quien vivio' en la epoca de los patriarcas.

Este libro presenta a Job como la imagen viva de la virtud de la paciencia y conformidad.

En Job hay un ejemplo mistico de la paciencia. El lider es paciente, el lider es leal y la persona lea les paciente.

Job habia perdido todos sus bienes. Su esposa le decia: Renuncia a Dios en el encuntras estas tribulaciones!

Mas Job le respondia: Estoy cada vez mas preparado para lo que Dios me mande aunque esto sea negative.

El lider debe estar preparado para lo negativo. Un lider que no esta preparado par alas adversidades, dificilmente pueda cumplir con su cometido,

Muchos son los ejemplos de lideres, tanto en el Antiguo como en el Nuevo Testamento.

No son ejemplos muchas veces ejemplos de conduccion de grupos o pueblos, son si lugar a dudas ejemplos a seguir por sus condiciones.

Las condiciones del espritu, su fe;, su perseverancia y su mdestia hace que hoy los podamos imitar.

En las actualidad, vemos a muchas personas que son llamados lideres, pero realmente lo son?

Cuando vemos por ejemplo a las naciones del mundo y a sus gobernadores, muchos insisten en decir: Se van a reunir los lideres de las 8 naciones mas industrializadas del planeta. O el grupo de lideres de 20 naciones tendran un encuentro en tal ciudad para discutir sobre el calentamiento global por ejemplo.

Son lideres todos ellos o son lideres algunos de ellos.

Para concluir esta introduccion podemos agregar algunas cualidades de liderazgo en el hombre nuevo. Revestios del hombre nuevo dijo San Pablo)

La autodisciplina, como el control de si mismo es una cualidad del lider.

Una cualidad que debe estar ahi por siempre.

Tener un proposito es la llave para ser un lider.
Cual es el proposito de Dios en nuestras vidas?
Y cual es nuestro proposito en la vida cristiana?

Ser integro, un lider no tiene dobleces, ser siempre el mismo.

La comunicacion con la gente, nos comunicamos con Dios a traves de la oracion y nos hacemos eco de su palabra, demos entonces testimonio ante el pueblo de Dios.

Por sobre todas las cosas podemos apreciar y en todos los capitulos que vamos a exponer, los grandes lideres buscaron a Dios.

Atreverse con coraje, es poder doar un paso mas alla' aunque se nos presenten tribulaciones no abandonarremos porque hay un ser que nos proteje.

El lider debe tener Humildad. Y debe dar testimonio.

No se es grande porque es muy mayor de edad o porque la talla de ropa es grandee so tambien es ser grande, pero tener grandeza bes algo totalmente diferente.

Los mas poderosos muchas vecs son mas humildes que quienes no loos son.

Tenemos en la, actualidad, Reyes o principes que tienen una gran modestia, y que es la modestia algo parecido a la humilded: Son la mrca de los grandes por sus grandezas.

Hacwe mucho tiempo atras a los coroneles en los Estados Unidos les llamaban aguilas gritonas, los del aguila era el atributo que lucen en sus camisas y uniformes para distinguir su rango y lo de gritonas!! Porque se pensaba que mas jerarquia tenian derecho as gritar mas y mas alto a sus subordinados. Pero en realidad eso fue solo un dicho.

Muchos Generales o coroneles en los ejercitos hablan tan bajpo que cuesta entender lo que dicen.

Precisamente no necesitan hacer notar su presencia con gritos o corrigiendo los errors de los subordinados a los gritos. Por el contrario la mayoria de veces los mas gritones son aquellos de rangos mas bien bajos. Son los que si necesitan hacer conocer y hacerse conocer con la minima autoridad que tieien por su grado.

El lider cristiano no es un lider sepatrado del contexto universal. Un lider cristiano es aquel hombre o aquella mujer que convoca con su talentio a dar testimonio dia a dia de la obra de Dios.

Algunos confunder autoridad con ser autoritario. El que grita desmedidamente muchas veces es autoritario porque le cuasta que le reconozcan autoridad.

La autoridad es estar revestido por un poder o mandato, pero el autoritarismo no tiene autoridad.

El, lider servidor.

El lider y del griego Diakono es precisamente lo que significa Servidor.

Un diaconom en la iglesia es un servidor de la grey de Dios y es un servidoer de las autoridades de esa Iglesia.

Hay quienes quieren ser solo Diaconos por siempre.

La efectividad de un lider son sus hechos no sus fantasticos sermons.
Dios podra' juzgar a ese lider por lo que hizo no poe lo que no hizo.

Cierto dia, en 1833 un Primer Ministro de Inglaterra fallece. Y la historia cuanta que va al cielo a golpear las puertas para ingresar. Se abre una puerta y apatrece San Pedro y este le dice: Que raro un politico por aqui?

El Promer Ministro ingles le contesta a San Pedro: Pero mi querido Pedro yo no hice nada en la tierra, nunca perjudique a nadie, ni a mi pueblo, no fue malo con mi esposa ni con mis padres ni com mis hijos, Es que yo no hice nada malo para no entrar el Reino.

Pedro lo mira atentamente un momento y luego le dice: No me diga lo que no hizo digame que hizo!!

Al lider de un pais lo van a recorder por las cosas buenas que hizo, por sus ideas en pos de su patria, pero nunca lo van a recorder por lo que no hizo.

(Del libro La Gerencia de Empresas por Pete Drucker)

Un lider efectivo jamas puede decir yo no hice nada malo, yo me preocupe por no caer en tentacion.

A ese lider le van a pedir cuentas por lo que hizo no por lo que no hizo por temor.

El lider efectivo se va a equivocar porque esyta trabajando en un camino para su Grey.

Y es normal que pueda equiviocarse? Por supuesto el lider no es infallible.

Asi como ese lider de una nacion. Los lideres en la Iglesias, o en las empresas salen de la misma manada. Esa manada lo elige por sus condiciones y no por las veces que se equivoco'.

Si estamos trabajando en un proyecto, podremos equivocarnos muchas veces y volvemos a empezar y asi hasta que todo salga bien.

Las equivocaciones no provocadas son absolutamente normales y hasta podremos agregar que deben existir

Entregar un trabajo con errores pero dentro del tiempo solicitado por nuestro jefe es mucho mejor que entregar un obra de arte pero muchos dias mas tatrde de lo solicitado.

Respetar los horarios y los tiempos en una empresa es no corromper el engranaje de la produccion de otros.

Volviendo al parrafo anterior, el modelo de compromise lo vemos en Timoteo 2:2:

El mentor para formar a otros tiene que antes haber sido formado y debe ser aprobado por otros lideres.

No se puede transmitir, solo con libros, videos o clases, lo mas importante es la relacion y el poder de esa relacion.

Entonces podemos apreciar que, si alguien quiere formar a otros, antes tiene que haber sido discipulado por un mentor. Es asi, si alguien quiere ser un pastor, antes tiene que haber sido oveja, un miembro fiel a su pastor, un discipulo comprometido con el resto y con su mentor/

Por supuesto, hay escuelas de ensenanza y practica.

Jesus empleo' el metodo hebreo.

En este metodo el maestro y su discipulo interactuan, con adeistramiento y capacitacion, y donde el modelo del, estudiante es el mentor.

Seamos pues mentores, ayudemos a esa planta a crecer, seamos verdaderos vectores para que esa y otras plantas puedan crecer recto hacia lo alto y sin desviaciones, porque si se desvian o caen al suelo, debemos volver a enderezarlas y volver a empezar para no perder su crecimiento o que esa planta se pueda secar si no la alimentamos con la palabra de vida.

Formar lideres es crecer junto a ellos como ese vector con la planta.

Podemos examiner entonces los modelos de Moises, Elias, Pablo y por supuesto el de Jesus con su doce.

Puede un lider de empresa hoy ser un lider cristiano?

Podemos decir que si ese lider de empresa da' testimonio de la palabra de Dios en los hechos de su vida corriente, antes sus decisions y de relacion comercial, ante sus empleados y personal de la misma o menor jerarquia, tambien es un verdadero lider cristiano.

En el mundo de las empresas y de la vida comercial se dice que los lideres no nacen sino que se hacen, es cierto. Pero cada uno de ellos y en

El lider, la sal de la tierra

Segun San Mateo 5:13 nos dice: Vosotros sois la sal de la tierra, pero si la sal se desvaneciere con que sera' salada?

No sirve para nada mas, sino para ser echada fuera y hollada por los hombres.

El lider espitritul es la sal de la tierra y como la sal que contribuye a preservar a presrvar alimentos, el lider preserva todo lo que sale de la boca de Dios.

La sal tambien es usada como el toque final cuando se preparan alimentos o al momento de degustarlos. El lider sabe dar el toque final con la palabra del evangelio.

El lider entonces sabe dar el sabor a todo lo que proclama.

Dar sabor es lograr que las personas que escuchen a ese lider, queden boquiabiertos como Esperando mas alimentos de vida.

Entonces podemos comparar al lider con esa sal de vida.

Una vida rica en lo spiritual es como una comida rica, la degustamos y conservamos el sabor por algun tiempo en nuestra boca. Cuando recordamos esa comida, el instintivo reflejo de nuestro cerebro hace que se nos haga agua la boca, y asi por siempre tendremos ese gusto, ese sabor de querer repetir esa misma comida.

El lider pues se ancarga de que pidamos mas de esa comida, la comida de salvacion, de paz en los corazones, de consolacion y de amor al projimo.